안녕,
둔촌주공아파트

세 번째 이야기 | 어린시절 우리들의 놀이터

/ prologue /

놀이터는 늘
우리에게 많은 것을 가르쳐 주었다.

친구를 사귀는 법
함께 어울리는 법
재미있게 노는 법
두려움을 이기는 법
괴로움을 견디는 법
힘든 마음을 내려놓는 법까지

얼마전
둔촌주공아파트의 놀이터가
모두 사라졌다.

어쩌면 놀이터는
마지막까지 우리에게
철거가 무엇인지
사라짐이 무엇인지
이별이 무엇인지를
가르쳐주려 한 것이 아닐까.

part 1

©김기수

사라진
우리들의 놀이터

둔촌주공아파트에 있었던 12개의 놀이터에 대하여

놀이터에서 배운 것들

둔촌주공아파트에는 12개의 놀이터가 있다. 하나의 아파트 단지 안에 무려 12개의 놀이터가 있다는 것은 이 곳이 얼마나 거대한 세계였는지를 단적으로 잘 보여주는 지표가 아닐까 싶다.

이 곳에 살던 아이들은 집에서 몇걸음 걸어 나오면 어렵지 않게 놀이터에 닿을 수 있었고, 그 곳에는 늘 근처에 사는 익숙한 얼굴들이 모여 놀고 있었다. 물론 처음 보는 얼굴도 대충 나이대가 맞으면 이름만 얘기하고도 무리에 낄 수 있었다. 가끔 텃세가 심한 새침한 아이들도 있었지만 보통 처음 몇 분의 어색함을 이겨내면 그 뒤로는 자연스레 '동네 친구'가 되었다.

가끔 삼삼오오 모여 놀던 친구들 무리와 다른 무리가 만나서 더 큰 하나의 무리를 이루며 놀 때도 있었다. 사람은 많을수록 늘 좋았으니까. '얼음땡' 같은 놀이는 사람이 많아지면 술래가 둘 이상이 되면서 놀이가 한층 더 박진감 있게 업그레이드 될 수 있었다. 우리끼리 노는 것에 어떤 한계 같은 게 느껴질 때면 자연스럽게 옆에 있던 무리에 접근하여 '판'을 키웠다. 어릴 때는 대충 저 사람이 나보다 나이가 많은지 적은지 쉽게 알아챌 수 있었고, 반대편 무리에 꼭 한 명 쯤은 아는 동네 형 아니면 친구 동생 같은 사람이 있기 마련이었다. 그렇게 놀이터는 동네 아이들의 '사교의 장'이었다.

명절 같은 때면 각지에서 몰려든 아이들이 다 뒤섞이게 되어 각자 따르는 놀이 규칙이 미묘하게 달랐다. 그럴 때면 보통 이 지역에 대대손손 이어져내려오던 '동네의 룰'을 우선시하는 경우도 있었지만 대개는 '놀아보고 재미있는 쪽'을 선택했었다. 그렇게 놀이는 자연스럽게 진화되었고, 우리는 조율과 조화를 배울 수 있었다.

그리고 학교에서 만난 친구네 집에 놀러가게 되면서부터 집 근처가 아닌, 멀리에 있는 다른 놀이터를 찾아가는 '원정'이 시작되었다. 어린 아이들에게 둔촌주공아파트는 광활한 곳이었고, 끝없는 미지의 땅이었다. 그리고 이 '원정'은 설레임 가득한 어드벤처였다. 내가 아는 세계는 늘 내가 가본 곳까지만이었고 몇 걸음 더 나아가 새롭게 만나는 공간은 늘 내가 상상하던 것을 뛰어넘는 놀라운 것을 보여주었다. 특히 키 큰 나무들이 가득한 언덕 옆을 지나서 어느 순간 탁트인 공간이 펼쳐지던 4단지 안쪽 놀이터를 찾아가던 기억은 아직도 강렬한 이미지로 남아있다. 각각의 놀이터는 크기나 배치에 따라 그 나름의 고유한 분위기가 있었다. 놀이기구도 조금씩 달라서 새로운 놀이터에 가면 그 곳에 맞는 놀이 노하우를 터득하고 적응해야 했다. 사람을 만나고 함께 어울리는 법을 배울 수 있었던 곳, 그리고 그런 삶의 무대가 한 곳이 아니라 다 다른 모습으로 이 세상 곳곳에 숨어 있다는 사실을 배울 수 있었던 '우리들의 놀이터'가 지난 가을 한 순간에 모두 사라져버렸다.

놀이터가 사라졌다.

이 곳에 있던 대부분의 놀이기구들은 새롭게 개정된 '어린이놀이시설 안전관리법' 기준에는 미달되는 '부적합 시설'이었다. 그리고 2015년 1월 전에 개선하지 않을 경우 놀이터 1곳 당 1,000만원의 범칙금이 부과되는 상황이었기 둔촌주공아파트 입주자대표회의의 놀이터 철거 결정은 불가피한 일이었다.

철거를 앞 둔 놀이터는 정말 많이 낡아 있었다. 이 곳의 놀이기구는 대부분 철과 목재로 만들어졌다. 페인트 칠이 벗겨진 철은 부식되어 끊어지고 떨어져나간 부분도 많았고 발판과 안전바 역할을 하는 나무 판들도 부서져있거나 아예 없어진 경우도 많았다. 아름답던 놀이터의 기억은 어쩌면 정말 우리들의 기억속에만 있었는지 모른다. 놀이터가 모두 사라진 지금부터는 그런 기억조차 떠올리기 쉽지 않아지는 것은 아닌지 모르겠다.

이제는 없는 그 옛날 우리들의 작은 세계가 그리울 때면 다시 만나볼 수 있도록 12개의 놀이터 사진들을 모아 보았다. 사진들을 정리하다 보니 아직도 둔촌동에 가면 모든 것이 이 모습 그대로 있을 것만 같은 기분이다. 모두 사라졌다는 것을 이미 확인했는데도 말이다.

각각의 놀이터에 대한 설명을 하나하나 적다가 그냥 접어버렸다. 놀이터에서의 기억들은 다들 비슷하면서도 전부 다르다는 생각이 들었다. 사진들이 각자의 추억 속 풍경으로 되돌아가는 작은 단서 같은 것이 될 수 있길 바란다.

둔촌주공아파트에 있었던 12개의 놀이터

당신이 사랑한 놀이터는 어디였나요?

그 곳은 어떤 곳이었나요?

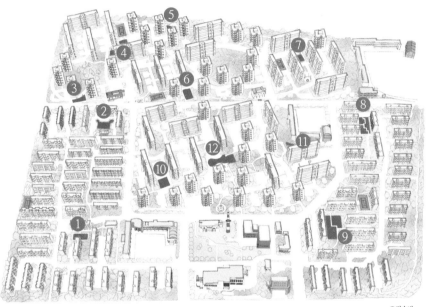

©정승빈

#1

둔촌초등학교 뒷편 놀이터

#2

137동 앞 놀이터 혹은 빵빵이 놀이터

©김기수

15

#3
라상가 옆 놀이터

©이인규

#4
410동 앞 놀이터

#5
413동 옆 놀이터

#6
418동 옆 놀이터

©이인규

#7
434동 앞 놀이터

#8
227동 옆 놀이터

©김기수

#9
235동 앞 놀이터

놀이터가

사라졌다.

#10
로켓트 놀이터 혹은 토끼 놀이터

©김기수

©김기수

#11
위례초등학교 뒷편 놀이터 혹은 나상가 놀이터

©이규남

로켓트 미끄럼틀이

사라졌다.

#12
기린 놀이터

©김가수

소박했던, 행복했던

"놀이터는 당신에게 어떤 의미였나요?"

©이인규

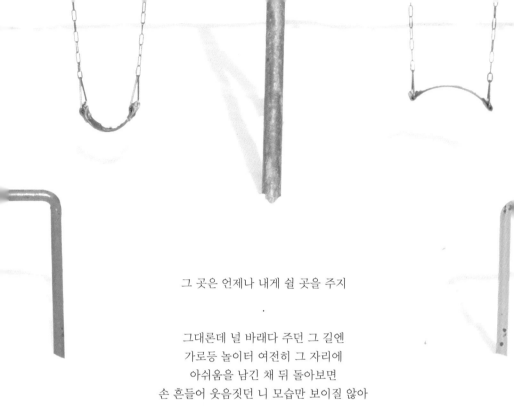

그 곳은 언제나 내게 쉴 곳을 주지

·

그대론데 널 바래다 주던 그 길엔
가로등 놀이터 여전히 그 자리에
아쉬움을 남긴 채 뒤 돌아보면
손 흔들어 웃음짓던 니 모습만 보이질 않아

·

장난기 많던 나의 모습과 그 옆엔 어렸던 너

하루하루 말없이 지나가 버리고
어느새 나일 먹은 너와 나 서 있어
힘이 들 땐 너도 가끔 기억할까
소박했던 행복했던 지난 시절 우리의 모습

'소박했던, 행복했던'
TOY

소박했던, 행복했던

놀이터에서 마주친 우리들의 놀이터

서울시 강동구 둔촌동 둔촌주공아파트. 내가 나고 자라 스무 살 여름까지 살았던 우리 동네는 1979년 19만평 대지에 6,000가구 가까이 들어선 대규모 늦다리 아파트 단지였다. 설립 당시 일대가 허허 벌판이었기에, 주택공사는 단지 안에서 주민들의 모든 생활이 가능하도록 편의 시설과 교육 시설을 함께 설계했다. 대규모 체육시설, 쇼핑시설 그리고 초, 중, 고등학교가 단지 내·외각에 위치했다. 특이한 점은 자연 그대로인 습지가 단지 뒤에 펼쳐져 있었고, 단지 안쪽엔 흡사 생태 공원과도 같이 수많은 나무들과 쉼터 공간, 놀이터들이 자리 잡고 있었다.

유난히도 푸르르고 공간이 많았던 동네. 80 · 90년대 둔촌 아파트에서 나고 자란 아이들은 놀이 공원이 따로 필요 없었다. 학교 운동장 뺨치는 놀이터에서, 미로처럼 설계된 쉼터 공간에서, 학교가 가르쳐 주지 않아도 공간과 어울림을 알려주었던 '숨바꼭질', '술래잡기'. 불러 모을 필요 없이 나가면 만나고, 만나면 부딪히던 녀석들은 하나 같이 '친구'이자 '동창'이 됐고, 십 수년이 흘러 뿔뿔이 흩어졌어도, 서로 함께 좋은 일을 축하하고 슬픈 일을 위로하는 '가족'과 '친구' 사이 '식구'가 되었다.

물론 처음엔 잘 몰랐다. 가까이 있는 존재의 소중함을 모르듯, 둔촌동 '아파트 키드'들은 나이 먹으며 서로의 소중함을 조금씩 알아갔고, 아파트는 우리보다 훨씬 먼저 늙어갔다. 딱 그 때 즈음이었다. 우리가 순수함을 잃어갈 즈음, 어른들의 입을 통해 재건축 이야기가 들려왔다. 둔촌 아파트 단지는 재건축으로 인해 가격이 천정부지로 치솟았고, 많은 사람들이 아파트를 팔고 이주했다. 어느새 둔촌 아파트는 그저 오래된 재산이자 소유물이었고, 발에 땀나도록 아파트를 누비던 아이들은 추억과 애정을 뒤로 한 채 운명을 다해가는 아파트의 재건축을 받아들이며 자연스레 어른이 되었다.

2013년 가을. 시공사가 선정되고, 재건축 심의 통과만을 남겨둔 둔촌 아파트처럼 우리네 '아파트 키드'들의 일상은 학업과 취업, 직장 생활과 삶의 무게에 치이며 각자의 관문들을 통과하고 있었다. 마주하던 인연의 끈들이, 색을 잃어가는 '아파트 콘크리트'처럼 '생기 없는 디지털 기기'로만 가까스로 이어지던 중, 둔촌 아파트라는 기억의 조각이 입소문을 타고 전해졌다. 그건 우리 세대가 가장 많이 이용하는 페이스북이라는 놀이터의 한 페이지였다.

소박했으나 소중했던

80년대에 태어나 둔촌아파트에서 유년기를 보낸 한 작가가 설립한 페이지는 곧 사라질 둔촌 아파트의 모습들을 담아내고 있었고, "안녕, 둔촌주공아파트"라는 독립 출판물이 출간됐다. 두 권으로 이뤄진 책은 다양한 사람들의 추억을 담아내며 둔촌 아파트에게 작별 인사를 보내고 있었다. 책과 함께 삭막한 디지털 공간에 다시 세워진 둔촌 아파트는 우리네 추억과 기억처럼 푸르고 따뜻했다. 많은 사람들이 글과 사진으로 자신들의 추억과 애정을 공유하며 감사와 응원을 보냈다. 기사도 실렸다. "나의 살던 고향은, 꽃피는 아파트 … 상품 아닌 추억의 공간"

첫 책이 나왔을 무렵, 딱 작년 이맘때 즈음, 동네 죽마고우 녀석 어머님께서 돌아가셨다. 부리나케 달려간 자리에서, 함께 뛰놀던 추억의 얼굴들을 빠짐 없이 마주했고, 함께 슬픔과 위로를 나눴다. 성품 좋은 녀석이기에, 너무 일찍 가셨기에 우리 모두가 모인 것은 너무 당연했다. 하지만 단순히 우정과 사연에 기인하기엔 자리에 모인 모두가 설명하기 힘든 강한 끈으로 엮여 있음을 느꼈다. 발인 후 친구 녀석들과 술잔을 기울이며 했던 얘기가 있다. 참 좋은 동네에 살았다고. 내 자식들에게도 복닥거리고 불편한 아파트라 할지라도, 마주치는 반가운 얼굴들이 모두 '식구'와도 같은 인연의 끈을 남겨줄 수 있으면 좋겠다고. 우린 하나 같이 둔촌 주공아파트에서 자랐다.

참으로 소박했었다. PC방이 솟아나기 이전, 100원짜리 모아들고 오락 한판 때리던 시절. 집에 오가는 길 언제나 시끌거렸던 놀이터에서, '탈출', '와리가리', '올림픽', '경찰과 도둑'. 뭐 솔직히 조금 자라고 나선 담배 한대 피며 몰래 술 먹기도 좋았다. 대학 가야 성공한다는 일생 일대의 '대박'을 억지로 품고, 학원 가랴 공부 하랴 바쁘게 지냈지만, 그 와중에 소박하게나마 삶을 채워주었던 우리의 '놀이터'는 이제와 보니 '대박'이었다. 하나 같이 대학 나와, 우리 인생에 '대박'같은 거 없음을 깨달았기에, 다 큰 어린애들이 술 한잔에 끄집어내어, 곱씹고 되새겨도 닳지 않는 '추억'이 돌이켜보니 너무도 소중한 '대박'이었다.

'놀이'터였지만 '삶'의 '터전'이 된 그 곳

얼마 전, 둔촌아파트의 놀이터들이 모두 철거됐다. 많은 사람들이 모여 각자의 놀이터를 사진으로 남겼고, 모인 김에 술 한잔 걸치며 추억을 되새겼을 게다. 난 그 자리에 가지 못했다. 솔직히 사는 게 너무 바빴다. 20살 때 이사 온 '상암동'과 '둔촌동'과의 거리, 1시간 반 왕복 3시간, 그게 뭐라고 움직일 수가 없었다.

아마 앞으로 살아내야 할 거리는 그깟 3시간보다도 훨씬 더 멀고 험할 것 같다. 놀이터 밖 세상에 놀 거리는 더 많을지언정, 세상 놀음은 소중할지라도 소박하기 힘들다. 조그맣고 소소하게 살아가기에 어깨에 지워진 짐이 너무 크다. 내 인생에 더 없을 '놀이터'였던 그 곳은 사라졌지만, 1년에 한번 정도는 다시 끄집어내야겠다. 연말 모임은 꼭 참석할 테다. 언제고 되새기며 사람이 모이고, 웃으며 추억할 수 있는 '놀이터'. 놀며 웃을 땐 몰랐지만, 사실 우리네 '아파트 키드'들의 삶의 근거지이자 살아감의 터전이 됐다.

이진호 (28세. 둔촌아파트에서 태어나 스무살 여름까지 거주)

글을 쓰거나 고칩니다. 쓸 데 없이 경영학과 나와서 스무살 중반까지 헛살다가 뒤늦게 글쓰기를 업으로 삼고 돈 되는 글은 다 쓰고 있습니다. www.builting.net

옛 기억 속의 놀이터

어릴적 사진은 구석구석 구경하느라 한참을 보게 된다. 그리고 내 어린 시절의 배경으로 자주 등장하는 둔촌주공아파트의 깔끔함과 모던함에 늘 놀란다. 특히 옛날 사진 속 놀이터를 보면 오래된 사진의 아련한 색감 때문에 더 그렇게 보이는 것일 수도 있겠지만, 빈티지한 톤의 컬러들은 요즘 유행하는 '스칸디나비안 스타일'에서 많이 쓰이는 톤이 아니던가! 게다가 미끄럼틀의 손잡이 부분을 다른 색으로 포인트를 주며 칠해 놓은 걸 보면 만든 사람의 굉장한 애정과 정성이 느껴진다.

어릴적 기억은 가끔 '이게 진짜 맞나? 내가 잘못 알고 있거나 미화하고 있는 건 아닌가'라는 생각이 들 때가 있다. 근데 어릴적 사진을 보면 흐릿하던 옛 기억이 또렷하게 복원되는 기분이다. 기린미끄럼틀이 예전엔 흰색 바탕에 하늘색 무늬가 있었다는 것은 어렴풋이 기억 났었는데, 이 사진을 보고 내 기억이 틀리지 않았음에 기뻤다. 그리고 우리 어릴 적엔 기린 미끄럼틀을 '줄을 서서' 탔다는 얘기를 하면 가끔 못 믿는 눈치인 사람들도 봤는데, 이 사진에 정말로 '줄을 서서' 기다리고 있는 아이들이 보인다. 아, 이 사진이 없었으면 어쩔 뻔했을까!

옛날 사진을 구석구석 구경하다 보니 반가운 걸 또 발견했다. 놀이터 사방에 하나씩 있는 오두막의 '오리지널 버전'이 사진에 남아 있었다. 지금 있는 정자와 비슷한 형태이지만 자연 소재인 '진짜 통나무 기둥'으로 만들어져 더 멋스러웠다. 그러고 보니 저 오두막을 다 허물고 지금 있는 '가짜 나무' 오두막을 만들었을 때도 속상해서 툴툴거렸던 게 생각난다.

흔히 과거는 조금 미화되기 마련이라고, 특히 유년 시절의 기억은 조금 더 따뜻하고 아름답게 미화되기 마련이라고 얘기하곤 한다. 하지만 어릴적 옛날 사진에 담겨있듯이 어쩌면 우리가 기억하는 '그 좋았던' 모습 그대로의 순간들이 진짜로 존재했던 것일지 모른다. 좋았던 기억이라면 애써 접어두려 하지 않아도 된다. 오히려 마음껏 그리워하게 내버려두는 편이 더 좋을 것 같다.

©이인규

이인규 (33세, 1982년 여름부터 1997년 겨울까지 거주. 마지막 사진 속 여자아이)

둔촌주공아파트에서 태어나고 자라서 <안녕,둔촌주공아파트>를 만들고 있습니다.
2014년 겨울 다시 둔촌주공아파트로 돌아와 다가올 봄을 기다릴 예정

나의 지난 시간을 담은
일기장 같은 곳

나는 태어나 서른 세살의 지금까지 한번도 활동적인 적이 없었다.
그렇다고 히키코모리처럼 방에만 처박혀 있는 성격도 아니지만
결코 외부활동을 즐긴다고 말할 수 없는 성격임은 분명하다.

이번에 둔촌동의 놀이터에 대한 글을 위해
어릴적 사진을 찾아보았는데...

역시나
놀이터에서의 내 표정
밝지가 않다.

놀이터에서의 내 모습
역동적이지가 않다.

그럼에도 불구하고 놀이터에서 찍은 사진이 너무 많다.

놀이터에서 노는 것 외에 딱히 할 일이 없던
그 옛날의 우리들에게
놀이터가 너무 많았기 때문이 아닐까.

©한미연

그리고 그 많은 놀이터는
나이가 들고 행동 반경이 넓어지면서
쓰임이 달라지기 시작했다.

초등학교 시절 하교길에 매일 들러
단짝친구와 비밀 이야기를 나누던 119동 앞 놀이터

고교시절 공부하기 싫을 때
몰래 나가 숨을 돌리던 413동 앞 놀이터

대학시절 나를 집까지 데려다 주던 남자친구를 다시 배웅하다
또 머물러 시간을 보냈던 137동 앞 놀이터

백수시절엔 동네 할머니 할아버지들과 함께
'라'상가 옆 놀이터에 앉아 아카시아 꽃향기를 맡으며 시간을 보내기도 했고,

그 곳은 어느 춥던 겨울날
집에서는 할 수 없었던 눈물의 통화를 했던 곳이기도 하다.

둔촌아파트의 많은 놀이터들은 오랜 세월동안
내게 아주 다양한 용도로 사용되어진 것이다.

애석하게도 갖고있는 사진에는
단지 놀이로써만 쓰인 놀이터의 모습밖에 없다.

그리고 최근 놀이기구가 철거된 터밖에 남지 않은 놀이터들은
마음을 더 아프게 한다.

하지만 여전히 기억속에 생생히 남아있는
놀이터들의 정서와 분위기가 있다.

내게 둔촌아파트의 놀이터란
인생의 많은 기억과 추억이 함께한 일기장 같은 곳이다.

한미연 (33세, 1982년부터 현재까지 33년 거주 중)
둔촌주공아파트에서 태어나서 지금까지 이 동네에서 평생 살아가고 있습니다.
어려서부터 영화를 좋아하여 영화를 전공하고 현재는 영화 편집을 업으로 하고 있습니다.

좋은 사람들, 멋진 장소 그리고 음악이 만들어 주던 감동

저는 어린 시절을 둔촌동에서 보냈고 지금은 홍대 근처에 살면서 드러머로 활동하고 있습니다. 지난 7월말부터는 음반 작업에 들어가면서 앨범이 발매된 얼마전까지 특별한 일이 있지 않으면 당산에 위치한 작업실과 강건너 홍대 주변에서 모든 시간을 보냈습니다.

오늘은 모처럼 홍대 근처를 벗어나 지하철을 갈아타며 30분 정도 걸려 인사동에 갔고 낙원상가에도 들렀습니다. 음악을 시작하던 어린 시절 자주 머물렀던 낙원상가와 인사동 근처에 오니 옛 생각들이 났고 기분이 조금 묘했습니다. 시간을 거슬러 올라가 고등학교 시절 밴드를 했던 기억이 나더군요.

음악을 좋아하고 귀가 작았던 친구들 셋이 모여 밴드를 결성했고 (정확히 말하면 음악을 좋아하는 친구들이 모였는데 모두 귀가 작았음) 우리 밴드를 전폭적으로 지원해줬던 친구, 이렇게 넷이 모여서 연주하고 이야기하고 놀았던 기억이 났습니다. 밴드 이름은 they have small ears!

제가 그 생각을 하고 있었다는 걸 알고 있었을까요. 인사동에서 돌아오는 길에 그당시를 함께 했던 저의 절친한 친구에게서 연락이 왔고, 둔촌동 놀이터에서 놀던 이야기를 글로 써달라는 제안을 받았습니다. 덕분에 지금 저는 그때 우리가 둔촌주공아파트에서 들었던 노래를 들으며 기억을 꺼내고 있습니다.

저는 둔촌동에 오래 살았지만 둔촌주공아파트에서 산 적은 없다보니 어릴적 둔촌주공아파트에서의 기억은 사실 거의 없습니다. 하지만 고등학교때 밴드를 하면서부터 둔촌 주공아파트는 친구들과 만나고 헤어지는 장소가 되었습니다.

밴드에서 기타를 맡고 있던 친구는 둔촌주공아파트 4단지에 살고 있었고, 그 친구와 만날 때면 우리는 삐삐 음성메시지로 약속을 잡았습니다.

"지금 마을버스 타고 갈 테니까 시간 맞춰서 거기서 봐~"

'시간 맞춰서' '거기' 2차 세계대전 적들의 도청을 피해 비밀 작전을 수행하는 스파이도 아니고 '시간 맞춰서' '거기' 라니!! 지금은
스마트폰이 없는 상태에서 저렇게 약속을 잡는다면 약속장소에 갈 수도, 누군가를 만나지도 못할 테지만 당시 우리는 그렇지 않았습니다.

여기서 거기란 둔촌주공아파트 후문 바리케이트! 마을 버스는 몇 정거장 안 가서 친절하게 저를 내려줬고 그 곳을 지나서 조금 걸어가면 언제나 친구가 저를 기다리고 있었죠. 그리고 우리가 향하는 곳은 '라'상가 옆의 놀이터였습니다. 주머니 사정이 넉넉치 않은 고등학생이었던 우리에게 편의점 음료수와 놀이터면 모든 게 해결 되었습니다.

놀이터에 도착해서 시소에 앉아 서로의 안부는 대충 생략하고 음료수 한모금을 마신 뒤 바로 본론으로 돌입합니다. 사실 걸어가면서도 계속 이야기를 주고 받았을 거예요.

"너 지난번에 내가 빌려 준 시디 들어봤어?"
"응. 듣다가 너무 좋아서 눈물 날 뻔했어"
"얼마전에 만든 믹스테잎 vol.2도 만들고 있다. 내일 학교에서 줄게"
"근데 vol.1 끝에 영어 듣기평가 다이얼로그 나오더라"
"하하. 그건 어쩔 수 없어! 근데 니가 만든 건 왜 촌스럽게 이름이 쇼킹뮤직이냐?"
"이름이 그렇긴 하지만 그래도 나는 3번째 노래 끝나고 뒤집으면 바로 다른 노래 시작하게 맞췄어."이런 대화들을 나누면서요.

대화를 하다보면 도착하게 되는 놀이터.. 놀이터에서 바라보는 장면은 고요함이 지배적이었어요. 유난히 나무가 많은 둔촌주공아파트의 놀이터는 비밀의 장소같은 분위기를 만들어주기에 충분했습니다. 우리는 그 속에서 당시 새롭게 알게 된 음악들을 들었고, 최근에 본 영화에 관한 감상을 주고 받았고, 우리의 우상에 대해 이야기했고, 현재의 스트레스와 고민을 말했고, 미래의 우리를 생각하며 무엇이 되고 싶은지 꿈꿨습니다. 그리고 또 음악을 듣기를 반복했습니다.

그 중에서 가장 좋았던 때는 지나가는 주민들과 자동차, 큰 나무들 그리고 놀이터 모래 색과 잘 어울렸던 아파트의 색이 그림같이 느껴지던 그 순간입니다.

마치 영화 쇼생크 탈출에서 주인공 앤디가 음악을 틀어 교도소 전체에 울려퍼지는 소리를 듣던 죄수들이 하던 일을 멈추고 하염없이 음악만 듣던 장면같았어요. 저에게도 그 어떤 말도 필요없었습니다.

아파트는 숲 같았고, 놀이터는 그 속에 있는 가장 고요한 쉼터 같았습니다. 그 안에서 우리는 음악을 들으며 많은 이야기를 했지만 어쩌면 아무 생각도 하지 않고 그냥 그 때의 감정을 받아들이고 상황을 즐기고 있었다는 생각도 들어요.그렇게 나도 모르게 쌓인 감정들이 지금의 나를 만들고 계속 음악을 할 수 있게 만들어줬을지도 모른다는 생각을 하게 됩니다. 좋은 사람들과 멋진 장소에서 듣는 음악은 이렇듯 엄청난 감동과 결과를 줍니다.

오늘 낮에 인사동에서 작업실로 향하는 길에 계속 주고받은 친구와의 메시지 중간에 놀이터가 사라졌다는 이야기를 들었습니다. 놀이터는 사라졌지만 제 마음속에는 놀이터 이상의 의미로 늘 남아있을 것입니다.

유병덕 (32세, 둔촌동에서 자랐지만 둔촌주공아파트에는 살아본 적은 없음)
음악이 좋아서 음악을 시작했고 지금도 음악이 좋아서 음악을 잘하기 위해 노력하며 사는 중
밴드 <9와숫자들>, <줄리아하트>의 드러머

여기가 엄마아빠 어릴적 추억의 장소야

얼마전 둔촌주공아파트의 놀이터들이 하나둘 철거된다는 소식을 듣고 너무 놀라 심장이 쿵쾅쿵쾅 뛰었습니다.

"자기야~! 기린놀이터 가자! 철거된대! 곧!!!!"

4살이었던 1980년 봄부터 서른살까지 저는 둔촌주공아파트에 쭉 살았습니다. 초등학교 동창인 저의 남편 또한 반평생을 둔촌아파트에 살았습니다. 어릴적 뛰놀던 둔촌아파트 놀이터의 철거소식을 접하고 바람이 휘휘 불고 하늘이 꾸부정한 주말에 겨우 시간을 내서 기린놀이터를 찾았답니다.

저희 부부에게는 20개월 된 아들이 하나 있는데, 기린놀이터에 도착해서 들뜬 저희 부부와는 달리 아가는 졸린 건지, 심상치 않은 날씨에 기분이 우울한지.. '사진 한장만 찍자. 여기가 엄마아빠 어릴적 추억의 장소야' 아무리 설명을 해도 삐약삐약 짹짹~ 엄청 울고 보챘습니다.(ㅜ.ㅜ) 싫다는 아이를 겨우 달래 끌어안고 한 장, 남편과 아가와 뒷모습 한장 겨우겨우 남기고 돌아왔습니다.

잠시.. 아주 잠시라도 추억에 잠기며 뭉클한 기분에 사로잡힐거라 생각했는데 그러기는 커녕 엄마 눈물바람 하지 말라는 배려인 건지 저희 아가님~ 엄마아빠 정신을 쏙~~빼놨네요. 그래도 철거 전에 사진을 남길수 있어서 참 다행이다 싶습니다. 나중에 우리 아기가 대화를 나눌 만큼 자라면 이 사진을 보여주며 기린놀이터 이야기를 해 주려고요.

꼭대기에서 내려다 보면 아슬아슬 위험천만해 보이던 기린놀이터. 초등학교 들어가기 전에는 이곳에서 더~더 아슬아슬하게 타고 내려오는 것을 친구들과 경쟁하며 겁없는 척하곤 했는데 그때의 그 떨림이 가끔 기억이 나면 아직도 발끝이 찌릿찌릿 합니다. 저와 같은 경험을 가진 분들.. 참 많겠죠?

최현주 (38세; 3살 가을에 둔촌아파트로 이사와서 서른살까지 거주)

잘 그린 그림보다는 즐거운 마음을 담은 그림을 그리고 싶은 그림쟁이입니다.
그런 그림책은 읽는 사람을 즐겁고 유쾌하게 만들어 주는 힘이 있을거라 믿어요. http://bbiyak.net

온 가족이 함께 기억 할 추억의 공간

저는 3살이던 1981년부터 둔촌주공아파트에서 살기 시작하여, 결혼하고 둘째를 낳을 때까지 만 26년을 그 곳에서 살았습니다. 송원 유치원부터 둔촌초등학교, 동북중고등학교를 나왔으니 그야말로 둔촌아파트는 제 '고향'입니다.

세 아이의 아버지가 된 지금도 가끔씩 돌아가신 어머니가 보고 싶거나 친구들이 그리우면 조금 청승맞아 보일 수 있지만 퇴근 후 제가 살았던 137동 앞 놀이터에서 차를 타고 한바퀴 돌곤 합니다. 가끔은 아이들을 데리고 기린놀이터도, 둔촌초등학교도, 둔촌종합상가도 둘러보곤 했습니다. 그리고 이제는 다들 멀리 떨어져 살게 된 동창들도 만나면 아직까지도 항상 둔촌아파트 길 건너 먹자골목에서 보게 됩니다. (길 건너편에 '한체대'가 있어서 저희는 그냥 '둔촌동 대학로'라고 부릅니다.)

기린놀이터가 없어진다는 말에 울컥하여 마지막으로 사진을 찍으러 갔었습니다. 두 번씩이나! 한번은 아이들을 데리고 우리 가족과 함께, 그리고 한번은 3단지에서 어른이 될 때까지 같이 살던 제 오랜 깜딩이 친구 현장이와 함께! 다녀왔습니다. 기린놀이터에 갔을 때 저희처럼 사진을 찍으러 온 사람들이 은근 있었습니다. 저희 가족 사진도 사진을 찍으러 왔던 여학생들이 찍어주었습니다.

아직 어린 저희 셋째가 기억할 수 있을진 모르겠지만 우리 큰 아이들은 기린미끄럼틀을 멋진 미끄럼틀로 기억해 주었으면 좋겠습니다. 그리고 기린놀이터의 기린미끄럼틀은 재건축 이후에도 둔촌아파트 한복판에 다시 생겼으면 좋겠습니다. 그럼 재건축 이후에 이 곳에 다시 와 보면 저도, 제 아이들도 정말 반가울 것 같습니다.

김재환 (38세, 1980년 첫입주때부터 2008년까지 만 29년 거주)

3살 때 둔촌아파트로 이사와서 초중고를 다 단지 안에서 다니고, 결혼하고 둘째를 낳을 때 까지 이 곳에 살았습니다. 지금은 유통회사에 다니는 애 셋 다둥이 아빠로 살아가고 있습니다.

너무 익숙해서
없어질 거라고는 생각도 못해 본 그런 곳

어린 시절, 놀이터는 없어서는 안될 존재였지만, 너무 익숙해서 없어질 거라고는 생각도 못해 본 그런 장소죠! 저의 외할머니께서는 아직도 둔촌주공아파트에 사시는데 어릴적부터 친척들과 만나면 늘 외할머니의 집근처 놀이터는 친척들과 빠지지 않고 놀러 가는 코스였어요. 저와 동갑인 친척, 한 살 터울의 친척누나와 친누나, 몇 살 더 어린 친척동생과 둔촌초등학교 옆 문구점에서 불량식품을 사서 먹고 놀이터에서 놀고 그랬었죠.

중학교 때는 서바이벌에 빠져서 기린놀이터에서 주말에 시간 내서 친구들과 BB탄 총으로 서바이벌을 많이 했었죠. 보안경은 꼭 착용하고 총알을 충전할 때에는 서로 쏘지 않기로 하는 저희만의 룰도 만들었구요.

그곳은 고등학교 때 학원이나 독서실에서 공부를 늦게 마치고 친구와 집으로 오면서 꼭 지나가던 곳이었어요. 이런저런 얘기를 하다 보면 놀이터를 가기 전에 있던 친구집도 지나치기도 하고. 놀이터를 뱅뱅 돌며, 그네를 타며 시간을 보내고, 집에 들어가기가 아쉬워 계속 머물던... 그런 곳이었어요. 나이에 따라 놀이터에 갔던 이유, 같이 간 친구들도 많이 바뀌었지만 저에게 꼭 필요했던 장소임에는 틀림없었죠.

고등학교 생활을 마치고 이사가고 난 후에도 둔촌주공아파트 단지를 들릴때 꼭 먼저 가는 곳은 놀이터였어요. 비록 이런 저런 핑계로 둔촌동에 많이 왔던건 아니지만, 곧 내가 아는 둔촌주공아파트 놀이터가 내 기억속에서만 존재하게 될까봐 여기저기 숨겨져 있던 놀이터도 찾아보고 둔촌주공아파트의 랜드마크(?)격이던 기린놀이터에서 혼자 그네를 타면서 추억을 되살려보기도 했죠.

지금은 벌써 재개발하기도 전에 허무하게 철거되고, 바뀌어버려서 많이 아쉽지만 새로이 지어질 많은 놀이터들도 지금의 어린이들, 학생들, 그리고 많은 주민들에게 시간이 지났을때 둔촌아파트! 하면 가슴 한켠에 떠올라 좋은 추억으로 기억되었으면 좋겠어요!

이경엽 (22세, 2살부터 고등학교 졸업할 때까지 거주)

이사간지 시간이 좀 흘렀지만 늘 둔촌동을 많이 그리워하며 자주 찾아가보곤 합니다.
곧 제대하는! 홍익대학교에 재학중인 대학생입니다.

어릴적부터 우리 늘 함께 지냈던 곳

지난 여름, 캐나다에서 유학중이어서 몇 년간 보지 못했던 친구 주형이가 서울에 오게 되었고, 잠시 외출 나온 의경 경엽이, 그리고 대학생이라 방학 중이었던 제가 모처럼 모이게 되었습니다. 어릴적부터 늘 함께 지냈던 둔촌아파트 구석구석 유년 시절의 추억이 묻어있는 곳을 찾아 구경을 갔습니다.

저와 주형이는 한국사회체육센터(현 월드스포피아)에서 같이 수영을 배우며 알게 되었고 주형이와 경엽이도 아마 센터를 다니면서 서로 알게 되었을 거예요. 경엽이랑은 위례초등학교를 다니면서 친구가 되었습니다. 이 둘 말고도 둔촌아파트에 함께 살던 친구들 여럿이 가끔 모이는데, 다들 군대에 가 있는 나이다 보니 자주 모이지는 못해요. 가끔 친구들 휴가 때마다 두세 명씩 모여 놀곤 하는데 제대가 한참 남은 우현이, 해찬이도 다같이 다시 모여 옛날 추억을 되새기며 다함께 둔촌아파트에서 놀 수 있었으면 좋겠어요. 여섯, 일곱살 때 처음 만나서 지금까지도 연락하며 잘 지낼 수 있어서 정말 좋고 앞으로도 이 친구들과 쭉 함께 지내고 싶습니다.

송채린 (22세, 6살부터 초등학생 시절을 둔촌아파트에서 거주)
공기 좋고 물 좋은 곳에 유치원을 짓고 평범하게 사는게 꿈인 대학생. 벌써 3학년을 마치고 졸업을 준비할 시기인데 하고 싶은 것이 너무 많아 어떻게 해야할 지 매일매일 고민중입니다.

기린미끄럼틀에 대하여

우리가 좋아했던 특별한 기린 두 마리

마주보고 있는 기린 두마리
기린미끄럼틀에 대하여

©이유리

둔촌주공아파트 3단지의 아파트 사이사이로 난 좁은 길들을 따라 걸어가다 보면, 갑자기 탁 트인 넓은 공간과 함께 처음 보는 낯선 형태의 거대한 흰색 콘크리트 구조물을 마주할 수 있었다. 보통 어른들 키의 세 배도 넘는 높이의 웅장한 이 구조물이 바로 둔촌주공아파트 놀이터의 상징이라고도 할 수 있는 '기린미끄럼틀'이었다.

단번에 '기린'의 형상을 알아보는 이도 있지만 그렇지 못한 사람들도 더러 있어서 잠시 설명을 하자면, '큰 기린과 작은 기린 두 마리가 마주보고 서 있는 모습'이라고 생각하면 아마 쉽게 알아볼 수 있을 것이다. 꼿꼿하게 제일 높이 솟아있는 곳이 바로 엄마 기린의 머리 부분이고, 그 아래로 쭉 뻗은 얇은 직선 기둥이 앞다리이다. 그리고 구불구불 이어지는 미끄럼틀 부분이 바로 작은 애기 기린의 등 부분이라고 보면 된다. 사실 이 작은 기린의 형체가 기린이라기보다는 다소 아기공룡 '둘리' 같아 보이기도 하고 '코끼리 코' 같아 보이기도 해서 오해하는 경우가 있을 수 있다.

재미있는 것은 이것을 '기린미끄럼틀'이라고 명시해 놓은 표지판이나 지도 같은 것이 어디에도 없었음에도 30년 넘게 이 곳은 '기린미끄럼틀' 이라고 불려왔다는 점이다. 분명 '이게 왜 기린이야?'라고 물어보는 아이들이 매번 있었을테고, 그러면 그때마다 '이게 왜 기린인지'를 차근차근 설명하는 아이들도 매번 있었을 것이다. 답답한 마음에 손짓, 발짓으로 가리키며 설명하기도 하고 땅에 그림을 그려 보여주기도 했을 것이다. 그렇게 삼십년이 넘는 긴 시간 동안 여러 세대를 거치면서도 '기린미끄럼틀'이라는 하나의 이름을 이어왔다.

사실 이게 무슨 형태인지가 뭐가 그리 중요할까 싶을 수도 있다. 놀이기구는 그냥 즐겁게 놀 수만 있으면 되는 것이니 말이다. 하지만 이 기린미끄럼틀을 한번이라도 본 사람이라면 이것을 지칭할 '고유한 이름'이 필요하다는 것을 부정할 수 없었을 것이다. 그만큼 기린미끄럼틀은 그 자체로 독특했으며 존재감이 있었다. 그랬기에 우리에게 살아있는 존재처럼 더 깊이 기억되는 것인지도 모른다.

기린미끄럼틀은 사실 아이들이 노는 곳 치고는 다소 파격적인 스케일이다. 어른이 되어 다시 올라가 봐도 꼭대기에 서면 조금 아찔하기까지한 높이였다. 특히 미끄럼틀의 경사가 시작되는 부분이 매우 급경사여서 한번 내려가 보겠다고 앉으려다가 겁에 질려 다시 계단으로 되돌아 내려가는 경우도 부지기수였다.

그 처음을 떼는 것이 가장 두려운 공포의 순간이었다. 그리고 그 순간만 이겨내고 나면 점점 '더 잘 타는 법'을 연마하며 즐길 수 있는 순간들이 이어졌다. 마치 봅슬레이를 하듯이 처음부터 손잡이를 잡지 않은 채 다리를 모아서 전속력으로 내려오기도 해보고, 미끄럼틀을 반대로 뛰어 올라가 정상에 서보는 것도 중요 도전과제 중 하나였다. 구불구불한 손잡이 부분 위에 올라가 아치형 터널을 만들어 보기도 하고, 비가 와서 착지하는 부분에 물이 고여 있으면 최대한 전속력으로 내려와 날듯이 웅덩이를 피해서 착지하는 것도 연습했었다. 심지어 들리는 소문으로는 인라인 스케이트를 타고서 내려온 사람도 있다고 하니 이 미끄럼틀이 얼마나 아이들의 '도전 정신'을 자극했는지 알 수 있다.

몇 살이었는지 잘 기억나진 않지만 나 역시 처음 기린미끄럼틀을 탔던 날엔 집에 들어오는 현관에서부터 소리를 지르며 엄마에게 자랑했던 기억이 아직도 난다. 기린 미끄럼틀을 탔다는 것은 스스로 공포를 극복해 낸 첫번째 성취였고, 자랑하고 싶은 뿌듯함이었고, 대단한 것을 해냈다는 자신감이었다. 심지어 다 큰 성인이 되어서까지도 "우리 동네 애들은 이 정도쯤은 여섯 살 쯤이면 다 탔어!"라며 자랑하고 있는 내 모습을 발견하게 되었다.

"둔촌주공아파트에서 꼭 봐야하는 것이 있나요?"라는 질문을 가끔 받는다. 사실 한 지역을 대표하는 상징을 꼽는다는 것은 쉽지 않은 일이다. '그게 왜 우리 동네의 상징이냐'라는 내부적인 논란의 여지가 늘 있기 때문이다. 동네 사람들의 삶 속 깊숙이 자리 잡은 사랑받는 존재를 찾아내야 하며 그 자체로도 상당한 존재감이 있어야 다른 사람들에게 놀림받지 않을 수 있다. 그런 면에 있어서 기린미끄럼틀은 늘 합격이었다.

기린미끄럼틀은 이 동네에서 자라난 사람들이라면 한번쯤 거쳐갔을 '넘고 싶은 관문'이자 매 순간 새로운 도전을 받아주며 '고락을 함께 한' 존재였다. 그리고 아주 잠시 머물렀다가 갈 뿐인 우리를 30년이 넘는 긴 시간동안 늘 그 자리에서 반겨주던 '익숙하고 고마운 존재'였다. 기린미끄럼틀은 이 동네 사람들에겐 삶 속 깊숙이 자리 잡은 거대한 존재이자 반가운 인사와 애정을 전하고 싶은 친근한 대상이었다. 기린미끄럼틀은 우리에게 늘 '자랑하고 싶은 것'이었고 영원히 기억에 남을 '우리 동네의 상징'이었다.

©김기수

©김기수

©이인규

part 4

KIRIN BOYS

기린미끄럼틀에서 만난 그때 그 소년들의 목소리

©김기수

기린 미끄럼틀은 많이 낡아있었다. 긴장감이 가득 실린 발 끝이 닿았던 계단은 닳아서 움푹 패여버렸고, 낡아서 떨어져나간 페인트 자국 속에는 긴 시간동안 덧칠되며 쌓인 페인트층을 엿볼 수 있다. 미끄럼틀이 달아버린 만큼 수많은 시간들은 이 공간 안에 켜켜이 쌓여왔을 것이고, 셀 수 없이 많은 아이들이 이곳을 거쳐갔을 것이다.

기린 놀이터에는 기린미끄럼틀이 사라진다는 이야기를 듣고 마지막으로 함께 놀러나온 두 무리의 '친구들'이 있었다. 하나의 공간에서 다른 시간대의 추억을 쌓아간 '놀이터의 소년들'의 이야기를 들어보았다. 각자 살아온 시간만큼 할 수 있는 이야기의 범위는 달랐지만, 놀이터가 사라지는 것에 대한 아쉬운 마음은 모두 같았다.

Interview #1

스물여덟살 청년들의
기린미끄럼틀 이야기

둔촌주공아파트에는 다들 오래 사셨나요?

유학재   전 태어났죠.

홍성호   전 100일 때 왔습니다.

김승기   저도 한 20년 산 거 같은데..

홍성호   너 여기서 태어났어?

유학재   응 지금 그 집에서.

홍성호   진짜? 대박..

정지구   전 한 15년? 5살때 이사와서 20살까지 살다가 송파구로 이사 갔어요.

어렸을 때 기린놀이터는 자주 오셨어요?

홍성호   여기는 특별한 날에 왔었죠. 좀 대규모로 비비탄 총싸움을 할 때.
                 사실 기린미끄럼틀은 타는 것 그 자체로 특별했어요.

유학재   저희는 다 집이 4단지였어서.. 집 근처에서 더 많이 놀았죠.

홍성호   434동 앞에 있는 놀이터. 그래도 기린놀이터는 학원가는 길에, 지하철역 가
                 는 길에 다 지나가야하니까..

유학재   난 체육센터 끝나고 아님 대지학원 갔다가 끝나고 나오는 길에.

홍성호   그런거 얘기해줘. 둔촌초등학교 애들하고 싸울 때 왔었잖아.

김승기   그런걸 누가해. 요즘은 평화- 평화.

정지구   둔촌초등학교랑 싸우면 항상 여기 공터에서 모였어요. 다 같이 모여가
                 지고..

김승기   야 솔직히 싸운 적은 없어~
                 (현재 선생님인 김승기씨는 초등학생 때 '위례짱'이었다고 한다)

정지구   니가 왔으니까. 니가 오면 정리가 되니까.

유학재   너 때매 못 싸웠지. 니가 말로만 해도 끝나니까 못 싸웠지.

일동   ㅋㅋㅋ

기린놀이터에서 놀았던 것 중에 젤 기억에 남는건 뭔가요?

정지구   비비탄! 물총싸움!!

김승기   우리 여기서 불꽃놀이 많이 했어요.

홍성호   맞아. 둔촌축제 때! 아직도 기억나는 건, 여기 312동 경비아저씨가 좀 고생하셨을텐데 형들하고 와가지고 폭죽을 저기 312동 벽에 쏘면서 놀고 그랬어요. 그게 젤 많이 기억나는 거 같아요.

김승기   집 유리창에 쏘고, 튀고..

홍성호   그게 저희 초등학교 4,5학년 때 쯤? 벌써 한.. 17년 전 쯤인가..

유학재   초등학생 때 여기서 놀다가 310동 유리창 큰 거 깨 먹었어요. 그때 아닌척 저기(정자)에 앉아 있다가 결국 잡혀서 혼나고 돈도 물어줬었어요.

둔촌주공아파트에서 이 기린미끄럼틀이 뭐라고 생각하시나요?

정지구   미국으로 따지자면 자유의 여신상 정도?

홍성호   다른 미끄럼틀하고는 비교가 안될 정도로 워낙 높고 각도도 엄청나다 보니까.. 미끄럼틀계의 롤러코스터?

정지구   어렸을 때는 진짜 놀이공원을 안가도 이것만 있으면.. 아.. 나 눈물날 거 같아 지금..

일동   ㅋㅋㅋㅋ

김승기   근데 여기서 많이 안 놀았던 이유는 뭐지?

홍성호   위험하니까..

유학재   여기는 둔촌초등학교 애들이 많이 왔었지!

홍성호   맞아 우리는 위례초등학교다보니까 학교 옆에서 많이 놀았지

정지구   예전엔 이거 한번 타려면 줄 서고 막 그랬어요.

안녕,둔촌   맞아요 맞아요!

유학재   아 그랬어? ㅋㅋ

정지구   줄서고 싸우고 새치기하다 싸우고 막.. 다른 학교 애들이랑 싸우고..

김승기   여기는 근데 좀 너무 개방되어 있다는 생각이 들었어요.

안녕,둔촌   아 은폐된 걸 좋아하시나봐요.

김승기   아 엄마가 빨리 찾으니까...

일동   ㅋㅋㅋㅋ

철거되고 있는 놀이터를 보면 마음이 어떠신가요?

유학재 저는 지금 이 빨간 선이 너무 싫어요. 이 빨간 줄 때문에 더 황폐해 보이는 것 같아요.

정지구 정말 열받습니다. 기린.. 기린은 좀 남겨지면 좋겠어요. 이게 없어지고 새로 만들더라도 이런 비슷한거나..

홍성호 상징성이 있을만한 거..

정지구 이건 정말 이 동네 사람들이 다 아는 상징물이라고 해도 과언이 아닌데.. 이 게 없어진다는 거는 우리 추억까지 같이 없어지는 거란 말이에요!

내일이면 사라질 기린미끄럼틀에게 마지막 메세지를 좀 부탁드릴께요.

정지구 (감정잡고) 아.. 나 울거 같아서..

김승기 울면 뜨겠다야.

홍성호 운데 ㅋㅋ 진짜 ㅋㅋ 개 오버 ㅋㅋ

일동 ㅋㅋㅋㅋ

김승기 긴 시간동안 여러 추억을 같이 했었는데 헤어진다니 아쉽고, 다른 곳에서 다시 살아났으면 좋겠어요.

홍성호 저는 기린미끄럼틀은 사실 좀 멀게 느껴졌던 것 같아요. 그래서 사실 저한테 개인적으로 크게 와닿는 건 없는데.. 아까 얘기했듯이 기린미끄럼틀은 상징성이 있는거라 그게 없어지는 건 많이 아쉬운 것 같아요.

유학재 얼마 전에 기린미끄럼틀을 실측했으니까 이게 재건축 하고 난 후에 가능하다면 본떠서 다시 왔으면 좋겠어요. 같은 자리에.. 아님 다른 데라도.. 우리같은 사람들이 10년, 20년 지나서 다시 왔을 때 기린이 똑같이 있으면 되게 기분 좋은 추억이 될 수 있을 것 같아요.

홍성호 따지고 보면 여기는 저희의 고향이니까. 나중에 저희 자식들한테도 이런 것들을 얘기해줄 수 있을테니까.. 좋을 것 같아요.

정지구 저는 기린이 없어져도 지금 이 기린놀이터라는 이름이라도 없어지지 않았으면 좋겠어요. 그래서 재건축하고 새로 놀이터가 들어와도 기린놀이터라는 이름이라도 남아 있으면 우리 같이 이런걸 기억하는 사람들에게 반갑지 않을까 싶어요.

마지막으로 여러분께 둔촌주공아파트란?

유학재   이 질문은 마치 <라디오스타> 같은거군요.

정지구   전 친구예요, 친구. 이 아이들이 다 유치원 때부터 안 친구들이라 이제 다 20년 넘은 친구들인데 항상 같이 놀던 곳이었어요. 지금은 다 직장인이 되고 사는 곳도 다 떨어져 있지만 그래도 우리가 이렇게 모일 때면 항상 둔촌동에서 모이거든요. 그래서 저한테는 이 장소 자체가 오래된 친구 같은 곳이에요.

홍성호   아파트 곳곳에 숨은 장소들이 다 추억에 남아요. 그런 장소들이 추억을 생각나게 하는 매개체들인 것 같아요.

김승기   고향이죠. 전 고향같아요. 저도 이사갔는데.. 힘들때마다 가끔 왔었거든요. 힘들 때마다 생각이 나더라고요. 내가 살았던 곳.. 이런 곳이 있었다는게.. 근데 이 풍경들이 진짜 다 사라진다고 하면 너무 아쉬울 것 같아요. 가슴이 아플 것 같아요.

유학재   저는 여기서 태어났는데 그 집에서 계속 살고 있거든요. 나중에 다른 곳으로 이사를 가거나 해외에 나가 살 수도 있겠지만 나중에 노후는 여기서 지내고 싶어요. 되게 오바하자면 마지막 삶은 여기서 살고 싶은게 있어요. 다 돌고 마지막은 여기서.. 편하게 살고 갔으면 좋겠어요.

김승기
1987년생, 둔촌아파트에서 18년 살다 근처로 이사감. 어쩌다보니 현재 초등학교 교사

유학재
1987년생, 둔촌아파트 태생으로 28년 거주. 루마니아어를 전공하는 대학원생으로 평생 살아온 둔촌주공아파트의 마지막을 보지 못하고 곧 루마니아로 떠날 예정

정지구
1988년생, 5살쯤 둔촌아파트로 이사 와서 10년 간 살다가 송파구로 이사. 현재는 다시 강동구로 돌아와 강동구를 지키는 강동경찰로 활동 중 (출몰지역: 둔촌동 일대)

홍성호
1987년생, 둔촌아파트에는 태어난지 100일 때 와서 지금까지 친구 좋다고 생각없이 즐기면서 지냄. 현재 반도체 연구원으로 공부만 하고 있음. 너무 어려움

+ BEHIND STORY

유학재	솔직히 저는 이게 왜 기린인지 몰랐거든요. 지금도 모르겠는데..
일동	기린같이 생겼잖아.
유학재	이게? 기린같이 생겼어?
홍성호	딱 봐도 기린인데.
유학재	기린은 목이 길어야지. 앤 다리가 길잖아.
홍성호	아니야 좀 봐봐.
유학재	난 사실 첨에 코끼린 줄 알았어 코끼리.
정지구	야 딱봐도 기린인데. 모르는 사람 데리고 와도 기린이라 그런다.
김승기	이게 그리고 전엔 얼룩덜룩 했었어.
홍성호	저기가 목이야. 얼굴이고.
정지구	이게 그럼 코끼리냐 이게?

ⒸC유학재

Interview #2

여덟살 아홉살 소년들의
기린미끄럼틀 이야기

안녕,둔촌	몇살이에요?
김재선	여덟살.
신윤제	(김우혁을 가리키며) 저흰 둘다 아홉살.

안녕,둔촌	동네 친구야? 서로 어떻게 알아요?
김우혁	(한명씩 가리키며) 둔촌, 둔촌, 둔촌!
	(세 명 다 둔촌초등학교를 다닌다는 이야기임)

안녕,둔촌	여기 놀이터에서 많이 놀았어?
신윤제	네! 6살 때부터!
김재선	네! 옛날엔 많이 놀았는데.. 요샌 시간이 없어서.. 많이 못 놀았어요.
안녕,둔촌	시간이 없다고? 왜?
김우혁	학원 때문에. 저 하루에 학원을 일곱개나 가야해요.
김재선	그래도 내일 뿌신다고 해서 오늘 놀러나온 거예요.
안녕,둔촌	아 내일 부수는 거 알고 있었어? 어떻게 알았어?
김재선	우리 누나가 알려줬어요.
신윤제	(씨익 웃으며) 전 그냥 알고 있었어요. 전 그냥 느낌 때문에.

안녕,둔촌	지금 놀던 놀이터가 다 이미 사라졌잖아. 기분이 어때?
신윤제	슬퍼요..
김재선	슬퍼요..
안녕,둔촌	이제 기린미끄럼틀도 마지막인데..
신윤제	더 슬프고.. 마음이 찢어질 듯 아파요.

안녕,둔촌	이 미끄럼틀이 특별히 좋은 이유가 있어?
신윤제	네.. 많이.. 많이 논 추억 때문에.

안녕,둔촌	언제부터와서 놀았어?
신윤제	6살!
안녕,둔촌	6살 때 이거 안 무서웠어?
신윤제	저 이거 6살 때 처음 와 봤을 때 진짜 무서워가지고 한번 타 보겠다고 꽉 열심히 잡고 내려왔는데 재미있었어요.

김우혁	저는 그땐 장위동에 있어서 못탔어요. 장위동 알아요? 엄청 멀어요.
안녕,둔촌	그럼 언제 이사 왔어?
김우혁	8살 때
안녕,둔촌	그럼 여기서 2년쯤 놀았네?
김우혁	1년이죠.
안녕,둔촌	이거 없어지니까 슬퍼요?
김우혁	(그냥 고개를 끄덕이고 울상을 지으며) 저는 1년 밖에 못탔어요..
김재선	(울상) 저도 이거 2년 밖에 못탔어요..
김우혁	니가 그래도 더 많이 탔잖아~!
신윤제	그래도 슬퍼도 이게 새로운 집처럼 예쁘게 되면 그래도 기분이 좀 나아질 것 같아요.
김우혁	왜 이래! 안되는거야! 토끼놀이터는~!
안녕,둔촌	응.. 맞아.. 토끼놀이터도 없어졌지..
신윤제	놀이터가 하나씩 사라지니까 기분이.. 찡해요.
안녕,둔촌	그럼 이제 앞으로는 어디서 놀꺼야?
신윤제	여기 새로운 데 만들면 그쪽에 가 보고 재미있으면 거기서 또 놀려고 생각 중이에요.
안녕,둔촌	기린미끄럼틀은 어땠어요?
신윤제	제가 이름을 지은 게 있어요. '멋있고 재미있는 미끄럼틀!'
김재선	저도 지은 게 있어요. '무서운 미끄럼틀!'
신윤제	그래도 무서워도 재미있어요. 이거 없어져도 저거(기린미끄럼틀 옆의 정자)를 보면서 이 미끄럼틀을 생각할 거예요. 근데 저것도 다 없애요?
안녕,둔촌	아 아니 저 정자는 안 없앨 거 같아요.
김우혁	근데 여길 싹 다 뿌셔요? 근데 왜 뿌시는 거예요?
안녕,둔촌	여기가 너무 옛날에 지어져 가지고.. 좀 위험하대요.
김우혁	40년 됐어요?
안녕,둔촌	35년 됐어요. 엄청 오래되어서 여기 보면 다 낡았잖아요. 그래서 어린이들 놀 때 위험하다고..
신윤제	전요.. 이런 건(오래된 건) 좀 괜찮은데.. 이렇게 까인건.. 미끄럼틀이 아팠을 것 같아서.. 좀 걱정이 돼요...

신윤제   (밑에서 애들이 미끄럼틀을 발로 차고 놀자..) 왜 차고 난리야?
                  미끄럼틀 얘 추억이라고 추억...

김재선
8살. 둔촌초등학교. 한 살 많은 신윤제와는 앞 동 사는 사이

신윤제
9살. 둔촌초등학교. 세명 중 기린놀이터에서 제일 오랜기간 놀았음

김우혁
9살. 둔촌초등학교. 기린미끄럼틀이 있던 3단지에 살고 있음

117

part 5

서로 다른 하나의 기록

기린미끄럼틀을 위한 세 가지 프로젝트

무언가를 기억하고 기리는 방식은 다양할 수 있다. SNS를 통해 기린미끄럼틀이 철거된다는 소식을 접한 사람들은 각자의 방식으로 사라질 기린미끄럼틀을 만나러 갔다. 그 중 조금 특별한 방식으로 진행된 작은 프로젝트를 소개하고자 한다. 프로젝트를 진행한 사람들 중에는 이 곳에서 나서 자란 토박이도 있고, 이번에 SNS를 통해 처음 접한 사람도 있었다. 각자 자신이 갖고 있는 능력으로 각기 다른 방식으로 진행된 개별 프로젝트들이지만 기린미끄럼틀이라는 사람들의 사랑을 받아온 한 존재를 기리고자 했던 마음은 아마 비슷했을 것이다. 직장을 다니는 바쁜 와중에도 기린 미끄럼틀을 찾아와 마지막을 함께 해준 것에 감사할 따름이다.

서로 다른 작업 #1

실측으로 알게 된
기린미끄럼틀의 작은 비밀

©김수민

나는 둔촌주공아파트에서 살아본 적은 없다. 더군다나 성인이 될 때까지 아파트에 살아본 적도 없다. 둔촌과의 인연은 이곳에 오랫동안 살았던 내 아내에게 있다. 내 아내는 '아파트 키드'로 어렸을 때부터 성인이 될 때까지 30여년을 이곳에 살았다. 내 아내는 둔촌에 대한 많은 추억을 이야기 했고, 특히 기린미끄럼틀과 놀이터에서 놀았던 기억들에 대해서도 많은 이야기를 해주었다. 나는 어렸을 때부터 단독주택에서만 살아와서 아파트가 고향이고, 추억의 장소가 될 수 있다는 생각을 가지고 있지 않았는데, 아내와 이야기를 하면서 그럴 수도 있다는 생각을 점점하게 되었다.

아파트 건축설계를 많이 하는 나는 금년 초 서울역사박물관에서 '아파트 인생'이라는 전시회를 보게 되었고, 그곳에서 둔촌주공아파트에 대한 전시물을 볼 수 있었다. 아파트가 건조한 공간만이 아닌 1980년대 전후로 태어난 이들에겐 추억의 공간이자 삶의 일부였다는 사실을 새삼 깨닫게 되었다.

둔촌과 아파트에 대한 생각을 잠시 잊고 지내던 중, 둔촌주공아파트 놀이터가 철거되고 있다는 소식을 페이스북에서 보게 되었다. 특히 기린미끄럼틀의 철거 소식에 많은 이들이 댓글로 아쉬움을 표현하는 것을 보고, 이 미끄럼틀에 대해서 많은 이들이 애착과 추억을 가지고 있다는 것에 대해서 궁금해졌고, 철거 일주일 전 시간을 내어서 기린 미끄럼틀을 가보았다.

처음 기린미끄럼틀을 보게 되었을 때, 바로 범상치 않음을 느낄 수 있었다. 콘크리트 구조물로 되어 있고, 그 형태 또한 곡면과 의도적인 각도, 독특한 형상이 강한 이미지를 주고 있었다. 미끄럼틀을 한번 타 보았는데, 올라가면서의 느낌과 내려올 때 미끄럼틀의 경사가 급해 생각보다 큰 긴장감이 있었다. 한번 철거되면 다시 되돌릴 수 없다는 생각이 들어 실측을 해서 도면을 작성해 두어야겠다는 생각을 했다. '안녕,둔촌주공아파트' 페이스북 페이지를 통해 자발적으로 참여해주실 분들이 모일 수 있었고 함께 실측하였다.

실측을 하면서 형상을 만들기 위해 많이 애를 썼다는 생각을 계속하게 되었다. 이 기린 미끄럼틀에는 많은 자유 곡선이 있었기 때문이다. 콘크리트 구조물을 만들기 위해서는 거푸집을 만들어야 하는데, 자유 곡면의 거푸집을 만드는 것은 시간과 인원이 많이 필요한 작업이라 제작에 큰 뜻이 있지 않았을까 생각해 보았다. 또한, 각 부분의 치수들이 10cm 단위로 측정되어 시공의 의도와 정확도가 있었다는 것을 짐작해 볼 수 있었다. 현재도 이런 구조물을 만드는 것은 간단치 않은 일이다.

실측을 하면서 미끄럼틀을 여러 번 타 보았는데, 탈 때마다 긴장감이 항상 있었다. 그 이유는 내려가면서의 경사도가 급한 것도 있지만, 실측을 통해 미끄럼틀의 폭이 시작점과 정점이 다르다는 것을 알게 되었다. 처음에는 폭의 차이가 시공의 오차 정도려니 생각했으나, 그 수치가 정확한 것으로 보아 오차는 아니었다.

폭이 계단 시작부는 70cm (통로폭 50cm), 꼭대기 정점은 90cm (통로폭 70cm), 미끄럼틀을 타고 내려온 끝은 다시 70cm (통로폭 50cm)로 측정되었다. 중간이 약간 배부른 형태로 되어 있는데 넓어졌다 좁아지는 20cm의 폭의 차이가 긴장감을 더해주고 있다. 세심한 20cm의 차이가 많은 이들이 이 미끄럼틀을 기억하게 해주는 미묘한 디자인의 힘으로 작용했으리라 짐작해본다.

끝으로 재건축 후의 둔촌에 이 기린미끄럼틀이 다시 태어나기를 기대해본다. 정확하게 실측이 되어 있으니, 기회가 주어진다면 충분히 재현할 수 있으리라 생각해본다. 우리 삶의 터전에 연속성이 있고, 지속가능성을 가지고 있을 때 우리의 도시와 우리의 삶은 더욱 건강해질 수 있다고 믿는다.

권이철 (건축사, 둔촌주공아파트 거주 경험 없음)
둔촌에 살았던 적은 없지만, 둔촌이 사라지는 것을 안타까워 하는 한 사람으로 둔촌의 의미를 찾아 보존의 가치를 찾고자 합니다. (http://blog.naver.com/kics211)

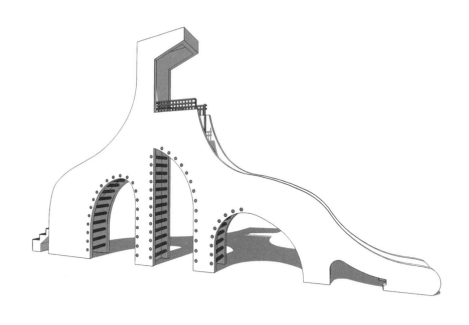

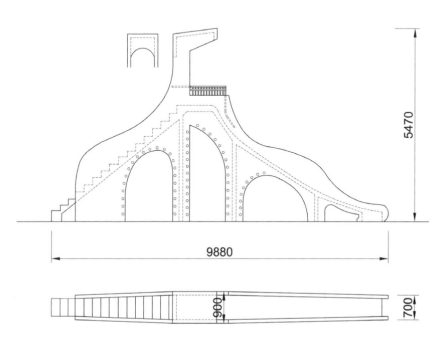

5470

9880

900

700

서로 다른 작업 #2

여전히 온기가 남아있는 곳

©허영강

우연하게 SNS를 통해서 둔촌주공아파트의 존재를 알았고, 기린미끄럼틀이 곧 철거된다는 소식를 접했다. 그래서 무작정 사진기를 들고 처음 가보는 낯선 이 곳은 여전히 시간이 흐르며 기억을 품고 있고, 모든 사람들의 추억이 스며드는 동네이다.

평소 건축을 하는 사람으로서 우리가 살고 있는 이 도시와 인간과의 관계에 대해, 장소와 기억에 많은 고민과 질문을 던지곤 한다. 만약에, 인간의 삶 속에서 '기억'이라는 부분이 없다면, 우리의 삶은 어떠한 모습일까?

어느 특정한 장소에 가게 되었을 때, 데자뷰 현상처럼 언젠가의 추억이 불현듯 떠오를 때가 있다. 마음속으로만, 기억으로만 존재하던 추억이, 실체적인 존재의 장소와 결합이 될 때, 시쳇말로 '추억 돋는' 느낌을 경험하게 될 것이다. 이러한 추억들이 쌓이고 입혀지며 세월의 흔적을 품어야 비로소, 우리의 삶이 풍부해지고 동시에 기억이 숨쉬는 진정한 동네로 완성되어 간다.

철거가 예정된 주공아파트 왠지 삭막한 회색빛이 기다리고 있지 않을까 했는데, 이게 왠걸 은행잎이 수북히 쌓인 노란빛이 나를 맞이한다. 어디에서도 맛보지 못한 때늦은 단풍놀이를 만끽하게 된다.

낯선 단지 안을 기웃거리며 누비다가 기어코 놀이터에 왔을 때, 어느 한 가족이 온기와 추억을 남기고 있었다. 그들의 기억에만 남아있을 시소나 구름다리 등 다른 기구들은 이젠 실존하지 않지만 '놀이터'로서의 장소성은 여전히 유효해 보였다. 아버지가 던져주는 공을 받은 아이는 훗날 오늘의 기억을 어떻게 추억하게 될 것이며 무엇을 통해 회상을 하게 될까?

비록 사진으로 남기는 행위가 그저 기록에 불과하지만 이렇게 남겨보는 기록들이 언젠가 누군가에게 추억의 매개체가 되기를 희망해보며 이제 하나씩 그들의 기억을 기록해보려 한다.

허영강 (32세. 둔촌주공아파트에 살았던 적은 없음)
건축설계를 하고 사진작업을 병행하고 있습니다. 동시대를 살아가는 현대인으로서 우리 주변의 도시의 모습을 객관적이고 비판적인 시각으로 바라봅니다. www.huhyoungkang.com

©허영강

서로 다른 작업 #3
마지막으로 전하고 싶은 메시지
GIRAFFE the GREAT

GIRAFFE
THE
GREAT

나는 둔촌주공아파트에서 태어나고 자랐다. 내가 걸어 다니게 되고 동네를 어느 정도 지각하기 시작했던 어린 시절에는 1단지 138동에 살았다. 그 동 앞에도 놀이터가 있었고, 어린 나는 그 곳이 세상의 전부인 줄 알았다. 그러던 어느날, 부동산 창문에 붙어 있던 우리 동네 지도를 통해 세상의 전부인 줄 알았던 우리집 앞 놀이터보다 훨씬 큰 놀이터가 있는 것을 알게 되었다. 그 곳은 바로 기린 놀이터였다.

이 '놀라운' 사실을 친구들에게 전했고 이내 기린놀이터 원정대가 꾸려졌다. 어린아이들의 손에는 '칼'이라는 나무 막대기가 하나씩 들려있었다. 마치 '반지의 제왕'의 프로도가 샤이어를 벗어나는 일과 같다고나 할까. 그렇게 시작된 미취학 아동들의 대담한 원정은 생각처럼 쉽지만은 않았다. 한번은 길을 잃어 동사무소 앞까지 가게 되었고 친구가 차에 부딪혀 병원에 가게 되면서 1차 원정은 실패로 끝났었다. 다행히 친구는 별다른 이상이 없었고, 며칠 뒤 다시 2차 원정대가 결성되었다. 아마 1차 원정에서 바로 성공했다면 그 만큼의 감동은 아니었을 것 같다. 처음 그 커다란 기린을 보았을 때의 놀라움은 지금도 생생하다.

그 이후 기린놀이터에 몇 차례 더 가고 그 곳에서 뛰놀다 보니 8살, 국민학교가 초등학교로 바뀐 바로 그 해, 우리집은 318동으로 이사를 오게 되었다. 그 때부터 나의 주무대는 기린놀이터가 되어 형 그리고 친구들과 함께 기린놀이터를 관중들이 환호하는 야구장으로, 총알이 빗발치는 전쟁터로, 인질을 구출하는 시가진장으로 바뀌가며 뛰어놀았다. 그때의 기린은 모든 이가 차지하고 싶어하는, 항상 가장 좋은, 최상의 목표가 되곤 했다. 그 곳은 즐거움과 모험이 가득한 곳이었다.

대학생이 되어 디자인을 전공하게 된 형이 말하길 우리의 기린미끄럼틀이 생기던 그때나 지금이나 찾아보기 힘든 멋진 디자인이라는 이야기를 항상 했다. 나 역시 디자인은 몰라도 하교길, 퇴근길에 지나치면 늘 좋아했던 곳이었다.

그런데.. 얼마전 철거 소식을 접했다. 기린을 위해 할 수 있는 일이 없을까 고민을 하다가 단 하루만이라도 기린미끄럼틀이 진짜 기린 무늬를 가진 기린으로 만들어주고 싶었다. 하지만 안타깝게도 이미 주말이 끝난 상황이어서 형과 나는 생업에 매여 있을 수밖에 없었고 퇴근 후 새벽에 작업을 시작할 수 밖에 없었다. 결국 기린 무늬는 그려줄 수 없었지만 기린에게 고마운 마음을 담은 메시지 'Giraffe the Great'라도 전하고 싶었다. 그리고 혹시라도 다음날 아침 누군가 이걸 보고 철거를 조금이라도 더 늦춰주진 않을까를 바래보기도 했다.

하지만 역시나 기린미끄럼틀은 예정대로 철거되었다. 철거 현장에 있던 분을 통해 우리의 마음을 전했던 메시지가 세겨진 미끄럼틀 조각 몇 개를 간신히 구할 수 있었다. 이 조각들을 이용하여 우리가 그리워하는 기린을 기리고 기념할 수 있는 무언가를 다시 만들어 보고자 한다. 비록 우리가 좋아했던 그 기린과 완전히 같을 순 없겠지만 말이다.

클루니 (26세. 동생) & **스탤론** (29세. 형)
둔촌주공아파트에서 태어나 유년시절과 청소년기 그리고 성인이 된 지금까지도 각각 26년, 29년 평생을 이 곳에서 살고 있다. 클루니와 스탤론은 중고등학교 시절 친구들이 우리를 부르던 별명이었음

GIRAFFE
THE
GREAT

BY STALLONE +CLOONEY

part 6

©김기수

마지막 불꽃놀이

우리가 함께였던 마지막 순간, 마지막 추억

Q. 기린놀이터에서 놀았던 것 중에 젤 기억에 남는 건 뭔가요?
A. 우리 여기서 불꽃놀이 많이 했어요.

기린놀이터에서 만난 동네 청년들과 인터뷰 중에 '불꽃놀이'라는 단어를 들었을 때, 순간 머릿속이 어두워지며 어릴적 친구와 함께 가지고 놀았던 빛나는 불꽃이 스치고 지나갔다. 아.. 맞아.. 우리 여기서 불꽃놀이 했었지..

인터뷰를 진행한 다음날 아침, 기린미끄럼틀 철거가 예정되어 있었다. 새벽부터 나와서 카메라를 설치한 채 기린미끄럼틀을 바라보고 서 있었다. 나의 유년시절의 상징을 떠나보내는데 그저 이렇게 지켜보는 것 외에는 아무것도 해줄 수 있는 게 없었다. 휑한 놀이터에 먼저 철거된 다른 놀이기구들의 잔해와 함께 덩그러니 서 있는 모습이 쓸쓸해 보여 씁쓸했다. 한 때 이 곳엔 정말 많은 아이들로 바글거렸었는데.. 저거 한번 타보겠다고 줄을 서 있었는데.. 그러고 보니 나는 저기서 마지막으로 제대로 놀아보지도 못했네.. 이런저런 생각을 하며 시간을 보내고 있는데 해가 중천으로 옮겨 가고 있는데도 철거를 할 것 같은 사람들은 나타나지 않았다. 설마.. 싶어 관리사무소에 전화를 걸어보니 하도 애타게 미뤄달라고 해서 수요일 아침에 철거하는 걸로 더 미뤄놨다고 말씀하셨다. '아이고 과장님 미리 좀 말씀해주시지..' 싶었지만 감사한 마음이 더 컸다. 갑자기 하루 반나절의 시간이 더 생긴 것이었다!

마지막으로 '뭐라도' 해야겠다는 생각이 들었고, 그때 '불꽃놀이'가 다시 생각 났다. 아주 잠깐만이라도 우리가 좋아했던 것을 마지막으로 다시 해보자는 생각을 했다. 그리고 사람들이 예쁜 불꽃으로 마지막 인사를 전할 수 있다면 기린미끄럼틀을 위한, 그리고 이 곳을 사랑한 사람들을 위해서도 좋은 선물이 될 수 있겠단 생각을 했다.

하지만 그걸 준비하고 알리는데 시간이 너무 부족해보였다. 그리고 가장 큰 걱정은 사람들이 과연 진짜 올까?라는 걱정이었다. SNS를 통해 많은 사람들과 연결되어 있고 이런저런 메시지와 사진들을 주고 받았었지만 그들을 실제로 만난 경우는 많지 않았다. '불꽃놀이'가 가장 기억에 남는다고 얘기했던 사람들이니 혹시 더 적극적으로 참여해주지 않을까 싶어서 인터뷰 했던 청년들부터 혹시 참여할 수 있는지 물어보았으나 이미 '월요일'이 되었기에 모두 각자의 삶 속으로 돌아가 있었고 공교롭게도 다들 너무 멀리 있었다.

그리고 그 날, 많은 사람들의 영웅이었던 가수 신해철이 갑작스레 세상을 떠났다. 그 것도 어처구니 없는 '의료 사고'로... 그를 좋아했던 우리 세대 사람들은 모두 큰 충격에 얼어버린 것 같았다. 의료사고라니.. 만약 그가 마지막으로 콘서트를 하고 나서 갑작스런 심장마비로 세상을 떴다면 어땠을까. 그는 죽음마저도 한 편의 영화같았다는 이야기를 하지 않았을까. 그렇지만 현실은 허무하기 짝이 없었다. 그를 좋아했던 사람들은 그의 이런 허무한 죽음을 받아들일 준비가 전혀 되어있지 않아보였고 그런 상황에서 '불꽃놀이'를 하자는 이야기를 차마 꺼낼 수가 없었다. 한 시대가 사랑했던 한 사람도 이렇게 허무하게 가 버리는데.. '미끄럼틀'.. 그래.. 그게 뭐라고..

분명 뭐라도 하고 싶었는데, 그리고 뭔가 하고 싶은 것도 있었는데 아무것도 할 수 없는 허무함과 무기력함에 빠져 있었다. 그가 나의 유년시절을 좌우한 영웅은 아니었지만 그의 죽음은 분명 충격이었다. 그가 생전에 했던 수많은 어록들이 다시금 회자되면서 SNS에 도배가 되고 있었고 밤새 그것들을 천천히 읽고만 있었다.

그리고 그 다음날 아침 눈을 떴을 때 '오늘'을 살고 싶은대로 살아야겠다는 생각을 했다. 조금 바보같은 짓일지 몰라도 당장 하고 싶은 것을 해야겠다는 생각을 했다. 인터넷으로 불꽃놀이 화약을 파는 업체를 검색해보니 마침 암사동 쪽에 하나가 있었고 사장님과 통화를 해보니 오늘 밤에도 충분히 진행할 수 있을 것 같았다. 오후 1시쯤 SNS를 통해 '마지막 불꽃놀이를 하자'는 메시지를 남겼고, 진행을 도와줄 사람들도 10명 가까이 모였다.

그리고 10월 28일 밤 9시. 거짓말처럼 동네 사람들이 기린미끄럼틀 앞으로 하나둘 모이고 있었다.

©유학재

©김기수

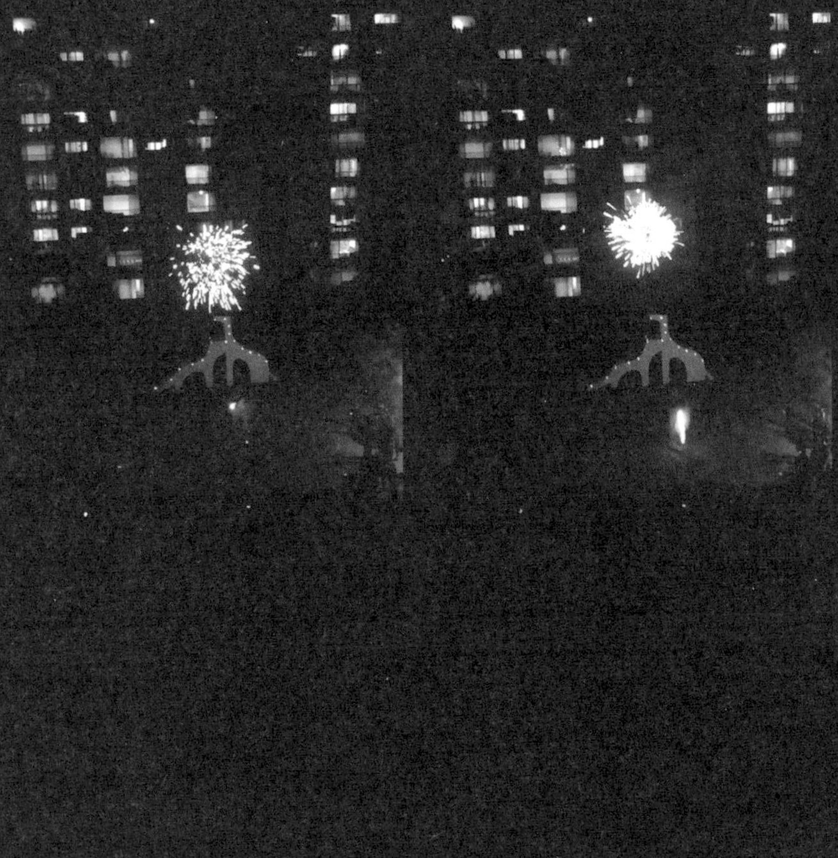

©윤현아

©유학재

©유학재

©유학재

©유학재

©유악재

©유학재

기린놀이터야 ♡

그동안 아이들과 놀아줘서
고마웠어요♡ 안녕 다른곳가서서
지금처럼 큰 기린이 되어주길 바래

잔가용

안녕, 둔촌주공 아파트 ♥

안녕 기린아 하늘에서 봐~♡
여기서 많이 놀수 있어서 좋았어
안녕^^♡
- 지연 -

딸 아이의
초등학교 입학과 함께 한
기린 놀이터~.
그 긴 목처럼 쑥 자라난 아이처럼
마냥 기쁨과 휴식을 안겨 주었던 안식처~.
빠름이 속도만이 강요되는 이 시대에
느림의 미학과 두 기린처럼
다정히 소통되는
시대가 열리길
빌어 본다.
-2014. 10. 28. K. -

기린 놀이터야
작년에 좋은 추억 안들어 줘서
짱 짱 고마워 ♡♡

Since 1989년
처음 놀았던 날부터 25년 동안
고마웠어 친구야.
안녕! 기린 놀이터.

- 재석. 작재. 승기. 성호. 지구. 진호
유다재능단 친구들!

기린 놀이터야 놀아주어서 고마워

2014년 10월 28일

요리와 애기 기린놀이터에서

추억을 남기고감 ㅋ

기린 미끄럼은 재미있어요.
기린 기린 목에서 미끄럼 타면
아주 아주 먼 길을 갈 것 같지만
내려와서 보면 운동장이죠.

기린이가 기린이에게..
안녕 내 어린적 추억.
2014. 10. 28.

155

오늘 처음으로 기린이를 타 보았습니다.
나 여기 산지 20년 다 되어 가는데
연날 보면서 타 본 건 처음이에요.
기린이의 마지막이 많은 사랑들과 함께
즐거운 분위기에서 보내게 되어 좋아요.
세상의 모든 이별이 이렇게 아름다우면 좋겠어요.
고마워요. 기린이 ~
고마워요. 둔촌 아파트 ~

기린미끄럼들아!
30년 넘게 늘 그자리에서 있어주고
이곳의 수많은 아이들과 놀아줘서 고마워
너를 좋아했던 사람들과 함께하는
마지막 봄꽃놀이 즐겨주길 바래!

안녕, 둔촌주공아파트 ♡~♡

안녕, 기린놀이터야. 힘겨워도 잘지내고 건강지키렴,
나는 314동 거주자 였었단다.
잘있으렴.

나중에 다시 만나 기린아 ~~~
by. 강하윤

◎안녕, 기린 놀이터 ~   안녕   안녕
안녕
안녕   안녕
안녕   안녕   안녕   안녕
안녕   안녕
안녕   안녕
안녕
오래도록 우리아파트를 지켜 줘서   안녕
고마워 ~ 겨<
안녕

기린 놀이터야~

안녕? 처음왔는데 없어진다니

안타깝다...
둔촌아파트 옛날 부터 재건축 한다한다 하더니

정말 하는구나 10년이면 강산이 변한다던데

그럼 둔촌아파트 사는 내친구들은 이사가는건가

안녕~ ♡

－2014 10 / 28 송혜인이

10/28
김현지,고은재 ♡
아직역 기린놀이터
한내라옹 ♡♡
기놀 ♡

고은재 사랑홓~

bye bye~
둔촌주공

안녕 기린놀이터야

분눛이 재밌게 봐 ~ 하하하

from. 32동502호 조소은

잘가오 잘가 기놀!!

나의 brother

"구우"   "용덕"

"지완"

part 7

안녕, 기린미끄럼틀

©김기수

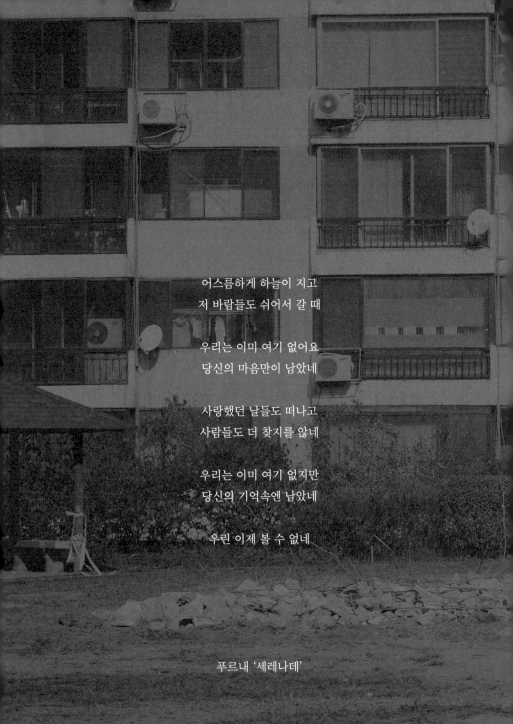

어스름하게 하늘이 지고
저 바람들도 쉬어서 갈 때

우리는 이미 여기 없어요
당신의 마음만이 남았네

사랑했던 날들도 떠나고
사람들도 더 찾지를 않네

우리는 이미 여기 없지만
당신의 기억속엔 남았네

우린 이제 볼 수 없네

푸르내 '세레나데'

철거일 2014. 10. 28.

//

함께 하고픈 마음

//

2018년 재인쇄를 앞두고

놀이터의 기록을 담은 이 책을 만들던 2015년 겨울도 벌써 3년 전이다. 지금은 둔촌주공아파트 둘레에 펜스가 높이 쳐졌고, 안으로 들어가지 못한다. 이제 둔촌주공아파트는 철거를 앞두고 있다. 애써 무덤덤하게 받아들이려 하지만, 겨울밤 어둠 속에 아파트만 가만히 서 있는 모습을 보면 가슴이 먹먹해지는 것은 어쩔 수 없다.

놀이터는 마지막까지 우리에게 무언가를 가르쳐주고 떠난 것 같다. 기린 미끄럼틀이 철거되는 모습을 지켜보는 것은 너무 힘들었다. 사랑했던 한 세계가 완전히 부서지는 과정을 지켜보는 건 내가 감당할 수 있는 일이 아니라는 것을 놀이터에서 배웠다. 그래서 나중에 아파트가 철거되는 과정은 지켜보지 않기로 마음먹었고, 본 프로젝트의 끝은 사람들이 모두 떠난 모습까지만 다루는 것으로 계획을 조정하였다.

대신 우리가 해야 할 일은 이곳이 사라지기 전에 '지금'을 더 붙잡고 어루만지며 사랑하는 것이었다. 좋아하던 구석을 찾아가 잠시라도 더 시간을 보내고, 고마웠다는 마음을 전하는 것. 기억하고 싶은 것은 사진이나 도면, 영상 등 다양한 방법을 동원하여 기록으로 옮겨놓는 것, 그리고 비슷한 마음을 간직한 사람들과 서로 보듬고 위로하면서 상실의 시간을 함께 견뎌내는 것. 놀이터를 먼저 떠나보내며 배운, 마지막을 함께 기리는 방법은 그런 것이었다.

시간이 지나고 나서, 기린 미끄럼틀의 마지막 시간에 우리가 한 많은 일이 일종의 의식(儀式)이었다는 걸 알게 되었다. 사라짐을 기념하는 의식은 사라짐을 부추기지 않았고, 오히려 사라지는 존재를 더욱더 또렷하게 부각하였다. 불꽃놀이 현장에서, 온라인에서 함께 모인 우리는 기린 미끄럼틀이 이곳에 실제로 존재했고, 우리에게 고마운 존재였음을 증명하는 증인이었다.

기린 미끄럼틀의 마지막 순간에 모인 수많은 애정은 뜻밖의 의미 있는 변화를 가져왔다. 둔촌주공아파트가 사라진 후, 새로 지어질 아파트에 기린 미끄럼틀을 복원시킨다는 계획이 수립되었다. 둔촌주공아파트 재건축 조합과 삼우 종합설계사무소가 심의를 위해 제출한 제안서의 조감도 안에 우리의 기린 미끄럼틀이 서 있었다. 새로운 아파트가 지어지는 2022년에 기린 미끄럼틀을 실제로 다시 만날 수 있다면, 이곳에 살았던 많은 이들에게 작은 위로가 될 것이며, 우리 사회가 계속해서 지워버리고 있던 연결의 가치를 이야기할 수 있는 작은 시작점이 될 것이다.

안녕,둔촌주공아파트

블로그 hibyeDCAPT.com
페이스북 facebook.com/hibyeDCAPT
트위터 / 인스타그램 @hibyeDCAPT

발행처
마을에숨어

출판등록 2014년 12월 19일
등록번호 979-11-954335
이메일 hideinmytown@gmail.com

발행 / 편집 / 디자인
이인규

사진
김기수 / 유학재 / 박지훈 / 윤현아

일러스트
정승빈 / 이유리

감수
조미란

컨트리뷰터
에디터 이진호 / 한미연 / 유병덕 / 최현주 / 이경엽 / 송채린
인터뷰 김승기 / 유학재 / 정지구 / 홍성호 / 김재선 / 신윤제 / 김우혁
개별프로젝트 권이철 / 허영강 / 클루니&스탤론
실측 STAFF 권이철 / 황성진 / 김수민 / 정현지
불꽃놀이 STAFF 김민선 / 정현지 / 유학재 / 황재석 / 김수나
　　　　　　　　유나미 / 송혜인 / 김기수 / 유병덕

Special thanks to
둔촌주공아파트 관리사무소 박인하 시설과장님 / 한양대학교 정진국 교수님 / 박대기 기자님
서울역사박물관 강홍빈 관장님, 정명아 학예연구관님, 정수인 학예사님, 송지현 학예사님

Personal thanks to
부모님 / 김인수 / 윤소연 / 유효영 / 박현경 / 이은옥 / 김수민 / 김지훈 / 이영진 / 정승빈
유완무 / 문혜성 / 황성진 / 정지원 / 황아영 / 강영규 / 이재영 / 현영석 / 믹 / 앵

안녕,둔촌주공아파트 3

ISBN 979-11-954335-0-6 (세트)
ISBN 979-11-954335-1-3 04300

초판 1쇄 인쇄 2015년 1월 5일
초판 1쇄 발행 2015년 1월 9일

2쇄 인쇄 2019년 1월 7일

값 13,000원

*

이 책의 초판은 한국공예·디자인문화진흥원의 <2014 문화디자인 지원사업>의 후원으로 제작되었습니다.
<문화디자인지원사업>을 통해 많은 도움을 주신 이재준 소장님, 박해천 교수님, 박성진 편집장님, 윤주현 교
수님 그리고 한국공예디자인문화진흥원 담당자님께 감사드립니다.

*

재인쇄를 하면서 사람의 나이는 어떻게 해야할지 잠시 고민했으나, 이건 그 시절 그 나이의 우리였기에 남길 수
있던 기록이라는 생각이 들어서, 사람의 나이는 책을 처음 발행하던 시점에 머물도록 하였습니다.